DIOS sana

*La Palabra Eterna,
el Dios Único, el Espíritu Libre,
habla a través de Gabriele,
al igual que a través de todos
los profetas de Dios:
Abrahán, Job, Moisés, Elías, Isaías,
Jesús de Nazaret,
el Cristo de Dios*

DIOS
sana

Gabriele

Editorial Gabriele
La Palabra

Dios sana

Spanisch

2ª edición, junio de 2020
© Gabriele-Verlag Das Wort GmbH
Max-Braun-Str. 2, 97828 Marktheidenfeld, Alemania
www.editorialgabriele.com

Título del original en alemán:
»Gott heilt«

En todas las cuestiones relativas al sentido,
la edición original en alemán tiene validez última

Todos los derechos reservados

Nº de pedido: S309esPOD
ISBN 978-3-96446-567-2

Contenido

Sanación

En esta palabra vibra mucho de lo que los seres humanos asocian y han asociado a ella en todos los tiempos.

Sanación

¡Cuánta añoranza, cuánta esperanza del corazón humano resuena en la palabra sanación!

Sanación, esto es bálsamo, consuelo y salvación, es más, paz allí donde hay o donde había una perturbación. La palabra «sanación» significa el proceso de sanación, del «llegar a sanar», no el estado de «estar sano».

¿Qué persona no necesita sanación?

¿No se queja cada uno de nosotros de una menor o mayor alteración de la salud, de la que uno se quiere liberar?

Aquel cuyo corazón todavía sea capaz de sentir vivamente, intuye, además, que la sanación, el «llegar a sanar» y al fin y al cabo el estar sano, está relacionado con un orden fundamental de la persona interna. Sanación en su sentido más profundo tiene que ver con los ámbitos del alma que son el origen del ser humano, en los cuales reposa su verdadera vida.

¿Cómo podemos abrirnos para el manantial de la fuerza sanadora?

 La fuerza central en el interior del hombre es Espíritu.

Espíritu es la fuerza primaria de todo lo que existe.

Este Espíritu Universal divino es la vida en cada forma de vida; también en la material.

Insufla la respiración al alma del ser humano y a cada una de las células de su cuerpo. Por lo tanto, el Espíritu es la vida, la fuerza vital, la fuerza sanadora. Si queremos ser sanados por el Espíritu, tenemos que «vivificar» la sanación y todo lo que tenga que ver con el proceso de sanación, es decir, tenemos que otorgar vida a nuestros pensamientos y a nuestras palabras.

Cuán a menudo dicen los seres humanos: «Tengo que sanar, es más, quiero sanar». Sin embargo, al mismo tiempo dudan en su interior de si sanarán; es decir, hablan de la «sanación» y del «proceso de sanación» –«quiero llegar a sanar»–

y no son conscientes de que al mismo tiempo con sus sentimientos y pensamientos están dudando de la sanación en su interior; con esto debilitan la palabra positiva «sanación» o «proceso de sanación» anteponiéndole sentimientos y pensamientos pesimistas y escépticos. Esto significa que las fuerzas positivas en la palabra «sanación» o «proceso de sanación» son interrumpidas; de esta manera destruimos nosotros mismos lo que deseamos. No vivificamos lo que decimos.

Cada ser humano tiene un alma, y cada forma de existencia es vivificada por la fuerza única, Dios.

Solo cuando desarrollamos en nosotros la confianza en Aquel que es la salud y la sanación, Dios, vivificando nuestras palabras con nuestra confianza, cuando dejamos vibrar nuestro mundo de sensaciones, de sentimientos y pensamientos como fuerza animadora en las palabras «sanación» o «proceso de sanación», solo entonces la palabra tiene fuerza y actúa en nuestra alma y en cada célula de nuestro cuerpo. Solo entonces produce la sanación y el alivio de nuestros males.

Dios es Espíritu, Dios es energía. El cuerpo humano, como todas las demás formas materiales de sustancia gruesa, es energía transformada en vibración inferior, Espíritu condensado. Este vive en el nivel de vibración de la materia que le corresponde. El Espíritu, Dios, sin embargo, anima la vida y de esta manera a cada uno de nosotros.

Si nos abrimos para Dios, el Espíritu, elevando nuestro mundo de sensaciones y pensamientos, es decir, intentando pensar de manera noble y pura, y de decir lo que podemos afirmar con nuestras sensaciones y nuestros pensamientos, entonces llegamos otra vez al origen de la vida, al Espíritu. Así nos abrimos para el manantial de fuerza eterna y recibimos alivio y sanación.

O sea que depende únicamente de nosotros si nos abrimos y si a través de nuestras sensaciones y nuestros pensamientos dejamos penetrar en las palabras «sanación» y «proceso de sanación» las fuerzas del Espíritu. Nuestras sensaciones y nuestros pensamientos son transformadores de la fuerza divina, la que luego vivifica la palabra y la hace actuar de manera positiva en nosotros y alrededor nuestro.

Pero si nuestras sensaciones y nuestros pensamientos no son positivos y decimos: «Deseo salud y fuerza para mí», en ese caso las palabras son débiles, porque el transformador no está orientado conscientemente hacia la salud, hacia la fuerza, Dios. Sentimos y pensamos de manera diferente a lo que decimos. Como consecuencia excluimos automáticamente la fuerza dinámica, que desea vivificar las sensaciones, los pensamientos y las palabras.

Es decir, no podemos esperar ser sanados ni recibir alivio solo por pensar o hablar de «sanación», cuando nuestro mundo de sensaciones y sentimientos reacciona de manera totalmente opuesta; pues los sentimientos, las sensaciones y los pensamientos son los transformadores de la fuerza.

Podemos pensar y hablar durante días de la «sanación» y de la «salud». Pero no la alcanzaremos si no añadimos la fuerza vivificante a los pensamientos y a las palabras, y no damos fuerza a nuestro deseo de sanarnos. Permaneceremos estando enfermos y sucumbiremos a nuestras preocupaciones y a nuestros sufrimientos, así como a nuestros golpes del destino.

El ser humano puede liberarse de las enfermedades, preocupaciones y de los golpes del destino si recuerda su origen, el Espíritu, y si aspira a su mayor evolución espiritual a través de su esfuerzo y de la realización de las leyes divinas. El amor es la ley suprema que lo abarca todo.

Una sanación profunda y permanente es posible solo a través del Espíritu y por el Espíritu, pues en Él está contenida toda la fuerza, toda la vida y toda la salud.

Para desarrollar la fuerza vital y curativa, quiero dar solo consejos e indicaciones. Sin embargo, estos nunca pueden ser exhaustivos y completos, pues las relaciones son tan complejas y los aspectos tan variados y sutiles como la vida misma.

Tenemos que ver la vida terrenal de nuestra época en su relación cósmica.

Nos encontramos ante un gran cambio de era. Las fuerzas cósmicas influyen cada vez más en nuestra vida actual.

A través de leyes férreas, que no podemos captar en todos sus detalles, estas fuerzas actúan dentro y también sobre la Tierra; actúan, además, en todo el sistema solar y producen transformaciones por todas partes. Al mismo tiempo son despertados los golpes del destino y las enfermedades que aún reposan en nuestra alma. Son las causas de vidas anteriores. La fuerza cósmica saca a la luz todo lo que todavía no está expiado.

La Tierra gira alrededor de su eje en el ritmo del día y de la noche. De acuerdo con otras leyes cósmicas establecidas, gira alrededor del sol, el donante de la vida para la sustancia material, en el ritmo de primavera, verano, otoño e invierno.

Según leyes igualmente establecidas, transcurren inmensas épocas espirituales y cósmicas. Cada época guarda más espiritualidad en sí y estimula al ser humano a que tenga reconocimientos espirituales más elevados. Así, muchos de nosotros reconocemos que nuestra verdadera vida es cósmica, es decir, eterna, y que estamos atados a nuestro cuerpo y al planeta Tierra solo por poco tiempo, para una breve existencia.

Nuestro ser verdadero y eterno es un hijo del cosmos, el hijo del Padre eterno. No podemos evitar el tener que orientarnos hacia esta fuerza cósmica, hacia Dios, ya que somos hijos del cosmos y herederos de la eternidad.

Vivimos en la era nuclear y al mismo tiempo, desde el punto de vista espiritual, en la era de acuario, que nos hace continuar y nos induce a un sentido espiritual de la vida y a interiorizarnos.

Cada vez más personas ya no encuentran un apoyo o un sentido en la vida material. La verdad eterna estimula a muchos; ellos empiezan a buscar ideales y valores superiores. Tienden a ir a su interior para encontrar allí la sanación y la vida.

Cada vez más personas enferman, y muchas sienten miedo. Viven constantemente atemorizadas pensando: «¿Cuándo seré atacada por una enfermedad y tendré que guardar cama?» o «¿Llegaré a ser afectado por la fuerza nuclear o tendré que sufrir?». Cuanto más grande se hace el miedo en el ser humano, más intensamente busca él la salud, el acogimiento, el optimismo y la confianza plena.

En este tiempo tan agitado, en el que los seres humanos ya no están protegidos de la irradiación nuclear, de enfermedades y padecimientos, puesto que no saben qué alimentos son todavía buenos y cuales están ya contaminados, muchos empiezan a buscar la salud en ellos mismos.

El Espíritu eterno, el donante de la salud y de la vida, Dios, el amor, no abandona al ser humano. Cuanto más grande sean las necesidades de las personas, con más intensidad actúa también el Espíritu en este mundo. Él instruye a Sus hijos y les regala alivio y sanación.

Sin embargo, la condición es que la persona pueda afirmar y aceptar al Espíritu, la vida, Dios, como manantial de fuerza dentro de sí misma. Este es el primer paso hacia la salud interna. El segundo es esmerarse por vivir en paz con el prójimo y por alcanzar la nobleza en sensaciones y pensamientos. La persona empieza a amar a sus semejantes, que también sufren como ella. Llega a comprender a su prójimo y se dirige a él; entonces se acerca así también a Dios, al Médico y Sanador Interno en Cristo, nuestro Redentor.

Pues el Espíritu en nosotros desea ser al mismo tiempo nuestro camino, nuestro Médico y nuestro Sanador. Él es el que nos conduce a las alturas cósmicas, a la primavera eterna de la felicidad, si es que estamos dispuestos y si somos capaces de abrirnos para Él, para Su fuerza, para Su fuerza sanadora. Únicamente el Espíritu es el camino que significa crecimiento, sanación y salud internos.

El mundo está sometido a un cambio constante. Un cambio de dimensiones incalculables, más amplio y más profundo de lo que ahora nos podemos imaginar, sobrevendrá a los seres humanos en la época que se avecina. La irradiación nuclear aumentará, y nuestra vida terrenal se verá cada vez más amenazada. Tenemos que reconocer tarde o temprano, que las cosas creadas e inventadas por el hombre se salen cada vez más de su origen acostumbrado. Tenemos que reconocer que también la naturaleza, las hierbas, los frutos y las verduras, sufren a causa del abuso humano y son cada vez más incomibles.

¿Hacia dónde se ha de orientar una persona cuando la afecten sufrimientos, pesares y dolores, cuando su cuerpo se vea marcado por enfermedades y padecimientos? ¿Dónde están las personas que traen alivio y sanación? ¿Acaso son aquellas que aún hoy pronuncian grandes discursos, que apaciguan a los seres humanos, y que a pesar de todas las señales que indican los peligros para la vida en la Tierra, siguen su rumbo? Todavía mantienen sus puestos directivos. Pero cuando la miseria aumente entre los hombres, cuando las enfermedades y los padecimientos se extiendan todavía más, entonces también ellos tendrán que callar y por último dirigirse a Él, que es la vida, que está por encima de lo temporal, por encima de enfermedades, miseria y preocupaciones. Es el Médico y Sanador Interno, el Espíritu, Dios, el salvador de nuestra alma y el portador de la salud para nuestro cuerpo.

Cuando el tiempo vaya transcurriendo y la amenaza nuclear sea cada vez más grande, más de uno reconocerá la era de acuario, en la que el Espíritu insta realmente a la manifestación. Pero los que no han despertado y los ignorantes gritarán y se quejarán todavía más, y se aferrarán a lo que hasta ahora ha sido válido. También para aquel que no haya despertado, el mundo desaparecerá, pues lo que para él significaba seguridad ahora empieza a vacilar, es más, se descontrola. El ser humano pierde su último apoyo, se le roba su poquito de felicidad. En este estado va errando y se pregunta: ¿Dónde está el apoyo para mi vida, dónde está el lugar para refugiarme?

Pero el que ha despertado sabe dónde está el apoyo indestructible, dónde hay que buscar el mundo verdadero y dónde lo podemos encontrar. Él sabe que la muerte física no es el final, sino que la muerte es solo la puerta a la siguiente existencia del alma. Esta sigue viviendo con todos sus aspectos luminosos y sombríos que ha acogido en el cuerpo humano.

Nada se pierde. Lo que el hombre siembre, eso cosechará, salvo si se esfuerza en experimentarse y reconocerse seriamente a sí mismo. Pues a través de ello se da cuenta en seguida de sus actuaciones incorrectas; capta sus pecados contra la ley divina y trata él mismo de eliminarlos. Esa es entonces una vida de experiencias, es decir, una vida llevada conscientemente.

Quien sabe que todo es energía y que ninguna energía se pierde, sabe también que todo lo que yo, el ser humano, emito en energía, en sensaciones, pensamientos, palabras, actuaciones, en obras buenas y malas, en temor, odio, enemistad y celos, todo eso vuelve a mí. Penetra en mi alma y se refleja en mi cuerpo según sea mi forma de pensar y de actuar. Entonces lo que yo, el ser humano, he sembrado, se hará visible dentro y fuera del cuerpo en esta o en otras vidas terrenales o en los ámbitos de purificación.

Quien capta que nada se destruye ni nada se pierde, empieza a analizarse a sí mismo, a examinarse «más a fondo». Empieza a seguir las leyes divinas y se orienta otra vez hacia su hogar interno.

A través del autorreconocimiento y de la purificación de su alma, alcanza el conocimiento de Dios y se siente cobijado en Cristo. Él ya no necesita tener miedo, pues no recibe su seguridad desde fuera. Sabe que la alegría y la tristeza no vienen de dentro, del Espíritu eterno, sino que él mismo ha creado estas energías. Estas «acallan» la actuación del Espíritu y se manifiestan como energía, que también es sonido, dentro y fuera del cuerpo.

Lo que experimentamos como seres humanos, alegría o tristeza, paz, armonía o enfermedad, golpes del destino, soledad y miseria, lo hemos adquirido o nos lo hemos impuesto nosotros mismos por medio de pensamientos y actos positivos o negativos.

O sea que nosotros mismos somos los constructores de nuestra vida.

Activación de las fuerzas internas.
Oración eficaz. El silencio y el callar

El ser humano se encuentra en la escuela de la vida. La Tierra es su lugar de aprendizaje y de prueba. Debemos reconocer esta oportunidad y por eso tratar de purificar nuestra alma, el bien cósmico, orientándonos ya como personas hacia la verdadera meta de la vida y a las fuerzas internas, las fuerzas divinas, las que también son fuerzas sanadoras, para activarlas y hacerlas fluir intensamente.

Tenemos que trabajar en nosotros mismos para volver a renacer, es más, a sanar en espíritu, y por lo tanto recibir la sanación desde el Espíritu. Tenemos que mantener las leyes de la vida, y así despertaremos la fuente en nosotros, que desea colmar cada célula de nuestro cuerpo.

Todo está en el interior; la salud universal es el Espíritu que vive en lo más profundo de nuestra alma. Él es la fuerza que sana al alma y al hombre.

Esta fuerza interna, que es la fuerza de la vida y de la salud en nuestra alma y también en nuestro cuerpo, puede activarse por medio de la oración y de la meditación a través de esferas superiores del silencio y de callar.

Pero rezar significa que también hago realidad en mi vida la oración y todo aquello por lo que pido. Si pido sanación, luego debo enviar a mi interior pensamientos de sanación y ya no hablar de enfermedad. Si rezo por la paz, en ese caso debo perdonar a mi prójimo y pedirle perdón. Los pensamientos altruistas positivos que envío a mi prójimo, viendo en él lo positivo, crean paz en mí. Si empiezo a amar a mi prójimo y no critico sus faltas y debilidades, entonces mi amor y mi oración abren mi corazón.

La oración correcta significa siempre vivir al mismo tiempo de manera correcta.

Puedo llegar a los peldaños superiores del silencio y de la tranquilidad solo si mis sensaciones y pensamientos son nobles, si veo también lo bueno en mi prójimo, si hago cosas buenas, y si actúo de manera altruista. Entonces el silencio penetra en mí, mis sentimientos y pensamientos contrarios a la ley divina se acallan cada vez más. Diré solo lo que es esencial, bueno y conveniente. Eso es el silencio y el callar en los peldaños superiores. Esto no significa que todos los pensamientos se callen, que haya un vacío mental absoluto. Oh no, en mí puede haber pensamientos altruistas, nobles, plenos en Dios. Eso también es silencio, eso también es callar.

Solo cuando hayamos llegado a ser silenciosos en nosotros, nos distanciaremos cada vez más de nuestros pensamientos e inclinaciones inferiores. El Espíritu todopoderoso, la fuerza interna de la salud y de la vida, empieza a continuación a actuar más intensamente en nosotros. Sanamos desde dentro y alcanzamos la salud. Aspirar a este proceso de sanación significa cambiar de forma de pensar, significa orientarse de nuevo.

Cada pensamiento tiende a su realización

Vida es vibración. Esta verdad fundamental es omniabarcante. En la vida humana existe una clase determinada de vibración que tiene un significado especial para nuestro bien o para nuestro mal: son nuestros pensamientos.

Los pensamientos son fuerzas inconmensurables.

Todo lo que pensamos se hace realidad, salvo si captamos a tiempo nuestros pensamientos, los entregamos a la luz interna y pedimos perdón y que los pensamientos sean transformados. Entonces nos liberaremos de lo contradictorio que pensamos hace un momento, que emitimos al éter y que con seguridad hubiese recaído sobre nosotros.

Los pensamientos son como semillas: arraigan raíces, van creciendo y producen frutos según su especie, es decir, según sea nuestra forma de pensar, hablar y actuar.

Si queremos llevar una vida feliz, si queremos cosechar salud, armonía, paz, amor y alegría, antes tenemos que sembrar también lo correspondiente en nuestras sensaciones, pensamientos y actuaciones.

Para alcanzar la sanación interna, tenemos que hacernos conscientes de que cada pensamiento aspira a su realización, tanto el positivo como el negativo. Cuanto más a menudo este sea pensado, más intensa es su fuerza y su influencia en nuestra alma y en nuestro cuerpo.

Si, por ejemplo, dirigimos todos nuestros deseos, anhelos y ambiciones hacia un solo pensamiento, después de eso cualquier impulso del reino de los pensamientos –a menudo del reino del subconsciente–, lo impulsará al reino de la consciencia y nos torturará y maltratará. Si nos observamos a nosotros mismos, tenemos que reconocer que vivimos solo superficialmente mientras sigamos siendo esclavos de nuestros pensamientos negativos.

O sea que tenemos que reconocer que cada enfermedad, molestia, cada golpe del destino, es el resultado de nuestras propias sensaciones, de nuestros pensamientos y de nuestras actuaciones. A través de nuestros pensamientos nosotros mismos creamos las fuerzas positivas que hacen florecer y sanar a nuestra alma y traen la paz y la salud a nuestro cuerpo. Nosotros mismos creamos los campos negativos de energía, que ejercen igualmente influencia en nosotros, cargan a nuestra alma y provocan nuevas descargas de pensamientos, es decir, atraen cosas afines o parecidas desde el reino de los pensamientos. Lo que atraemos y aquello a lo cual nos aferramos, activando continuamente nuestros pensamientos, permanece en nuestro interior, e influye cada vez más sobre nosotros, mientras más pensemos en algo igual o parecido.

Si hay solo un vestigio de preocupación y sufrimiento en nuestra alma, este puede ser intensificado por un impulso externo y transformado así en un complejo gigantesco. Empezamos a pensar en algo, pero no controlamos nuestros pensamientos, los dejamos venir una y otra vez y reflexionamos constantemente sobre cosas iguales o parecidas.

De esta manera aumenta la fuerza negativa e influye correspondientemente en nuestro cuerpo: La consecuencia puede ser desgracias, sufrimientos, necesidades y enfermedades.

*Pensamientos positivos llevan al alma
y al cuerpo a un campo de vibración
más elevado. Dominar los pensamientos
es dominar la vida*

Por eso el dominio de los pensamientos es al mismo tiempo el dominio de la vida. Esto significa: ¡Pensar correctamente es vivir correctamente! El que no controla su mundo de pensamientos ni se domina a sí mismo, sucumbe también al poder sugestivo de su medio ambiente; pues los pensamientos y las ideas nacen también bajo la influencia de la atmósfera humana. En tanto no hayamos aprendido a protegernos ni siquiera de nuestros propios pensamientos, los pensamientos e ideas de otros pueden penetrar en nuestra consciencia e intentar dirigirnos. Justamente estos pueden surtir efecto si los movemos en nosotros, y provocar enfermedades anímicas y también físicas.

Tenemos que llegar a comprender que todos los sentimientos y pensamientos originan procesos en nuestro cerebro, los que repercuten en todas las células y órganos. Cada célula posee una consciencia celular. Podemos despertarla, por ejemplo, a través de ondas mentales de salud y animarla para que funcione de manera positiva. Así como cada célula posee una consciencia celular, así también tienen los nervios su consciencia nerviosa, los órganos tienen su consciencia orgánica, las glándulas y hormonas igualmente su consciencia glandular y hormonal. Podemos influir sobre todo nuestro cuerpo a través de nuestros pensamientos. Cuanto más positivos sean nuestras sensaciones y nuestros pensamientos, más puros serán nuestra alma y también nuestro cuerpo. Así entramos en un campo de vibración más elevado, el que nos facilita rodearnos con pensamientos positivos y más nobles.

Nada sucede porque sí. Tenemos que esforzarnos y hacer que nuestra vida sea correcta. Tenemos que transformarla para que llegue a ser rica en sabiduría y fuerza. Es decir, ¡vivir conscientemente! Entonces las energías elevadas transformarán las bajas, aquello que todavía está inconscientemente en nosotros, y así llegaremos a vivir plenamente. Viviremos cada día, cada hora conscientemente y lo experimentaremos como felicidad en nosotros, porque al mismo tiempo vamos recogiendo fuerzas positivas. Estas hacen que nuestra vida sea rica y de acuerdo a como lo quiere Dios.

¿Cómo eliminamos los pensamientos negativos de nuestra consciencia? Los soportes de consciencia.

A pesar de todos los esfuerzos, es posible que seamos torturados una y otra vez por los mismos pensamientos inferiores, por cosas que todavía no podemos eliminar de nuestra consciencia, que vuelven una y otra vez. Después de eso deberíamos preguntarnos si en nosotros hay pensamientos intransigentes y si ya hemos pedido perdón a nuestro prójimo. Si es así, luego tenemos que seguir preguntándonos: ¿lo hemos hecho con el deseo sincero de desprendernos enteramente de todas las cosas que sucedieron o conservamos aún algo en nosotros? ¿Quizás queremos todavía conseguir esto o lo otro? ¿Quizás tenemos todavía un poquito de envidia de nuestro prójimo? ¿Quizás queremos todavía forzar algo o conseguir que los demás se compadezcan de nosotros, porque nos gusta vernos como personas afligidas o perjudicadas?

Si por egoísmo hemos conservado un resto de un pensamiento negativo, despúes este nos torturará. Cuanto más a menudo pensemos en él, con más fuerza construiremos un nuevo campo energético. Este influirá cada vez más sobre nosotros, y tendremos que confesarnos que el pedir perdón o el haber perdonado no ha tenido efecto. Esto depende de nosotros, porque no nos hemos desprendido de todo, porque conservamos vestigios de pensamientos negativos, con los que al fin y al cabo solo queremos darnos importancia. Estos restos los hemos hecho crecer con nuestros pensamientos formando un complejo nuevo, el que influye en nosotros en la misma medida que antes.

Pero si queremos liberarnos del resto pequeño que quedó en nosotros, desprendernos del todo de él, podemos servirnos de un soporte de consciencia, como por ejemplo: «Todo me es posible a través de la fuerza de Cristo en mí».

Si repetimos varias veces al día este soporte de consciencia, también cuando nos vayamos a la cama, y despúes del despertar, antes de levantarnos, con ello entraremos, espiritual y físicamente, en una vibración más elevada y nos podremos apartar cada vez más de los pensamientos, del resto que quería ejercer influencia en nosotros.

Este soporte de consciencia «Todo me es posible a través de la fuerza de Cristo en mí», lo deberíamos decir con una sensación de una seguridad tranquila y de confianza. Después de ello recibiremos la fuerza que necesitamos para superar lo que aún está pendiente en nosotros, según sea nuestra orientación al Espíritu de Cristo.

*Nuestros pensamientos positivos
abren el manantial de fuerza en nosotros*

Lo que nos imaginamos, actúa directamente sobre nuestro cuerpo. Por ejemplo, si pensamos diciendo «estoy cansado», los nervios y músculos lo perciben y transforman el impulso en un cansancio evidente. Si pensamos «estoy enfermo», nuestros órganos débiles y las analogías de nuestra alma lo perciben. Es decir, nosotros mismos transformamos estos pensamientos en enfermedad.

Tenemos que estar constantemente alertas y tratar de enfrentar nuestros pensamientos negativos con pensamientos positivos de confianza, de valentía. De ese modo el Espíritu eterno llegará a ser vivo en nosotros. Recibiremos cada vez más energías espirituales y físicas. Si nuestro ánimo humano está despierto, orientado de manera positiva y concentrado en una cosa, entonces conservaremos nuestra actividad.

Dios es la fuente de cada fuerza, de la fuerza del átomo, de la fuerza de la electricidad, de la fuerza de nuestra alma y de nuestro cuerpo. Toda fuerza viene de adentro, de nuestro Dios creador, del Espíritu omnipotente. Él da vida a los cansados, da fuerza a los enfermos y cura sus males, según sea nuestra orientación, según sea nuestra forma de pensar y vivir.

Todo lo bueno, puro, noble, todas las fuerzas positivas vienen de lo profundo de nuestra alma, del núcleo divino que no se puede cargar de negatividad, de Dios.

Si vivimos con lo divino, si vivimos en armonía con todas las energías, entonces mantenemos nuestra fuerza creadora, es más, esta crece incluso más y más. Pero si interrumpimos el contacto pensando y reaccionando de forma humana, sembrando odio, envidia y discordia, aferrándonos a pensamientos de celos, perdemos energía espiritual y también física.

Un aparato eléctrico funciona mientras esté conectado a un circuito. Si este es interrumpido, el aparato se para.

Algo parecido sucede también en el ser humano. Si actuamos constantemente contra las leyes universales, contra la fuerza de la vida, sin someter nuestra vida conscientemente a la protección del Espíritu y viviendo sin disciplina, las fuerzas espirituales disminuyen en el alma y también en el cuerpo. Debido a que las energías se retiran, los órganos se debilitan y por eso son más receptivos para enfermedades, es decir, la persona pierde energía, su vibración disminuye, de esta manera cae en zonas de peligro, en las cuales virus y bacterias nocivas penetran en ella, de acuerdo con su estado de vibración.

Pero si nuestro ánimo humano está limpio de sensaciones y pensamientos negativos, entonces trabaja mejor y dispone de más fuerza que una persona cargada con pensamientos mezquinos y pesimistas.

Deberíamos hacer una vez el siguiente experimento, pues vale la pena hacerlo: durante las próximas 24 horas pensamos y hablamos de manera positiva y con esperanza de todo: de nuestro trabajo, de nuestra salud y nuestro futuro. Al principio no será nada fácil, sobre todo si hasta ahora hemos estado sujetos a sensaciones, pensamientos y palabras negativas. Tenemos que desprendernos de ellos, aunque esto signifique un gran esfuerzo de voluntad para nosotros. Las fuerzas positivas activadas nos ayudarán de inmediato. Solo de esta manera alcanzaremos la paz y podremos recibir cada vez más de la corriente sagrada que proviene de Dios.

El manantial de energía primaria da constantemente fuerza positiva constructiva. Ella alimenta a todos los seres humanos, a todas las cosas, a todas las formas de vida.

Sin embargo, muchas personas abusan de las fuerzas positivas. A través de sus sensaciones, pensamientos y actuaciones contrarias a la ley divina, estas fuerzas son transformadas en una vibración baja, es decir son degradadas. Dios lo permite, pues a través de nuestra voluntad, a través de nuestras actuaciones humanas tenemos que volver a la voluntad de Dios, a la energía primaria pura y divina.

Pero si nos abrimos para la corriente eterna, para Dios, invocando las fuerzas positivas en sensaciones, pensamientos, así como en palabras y obras, luego las fuerzas vienen a nosotros y sirven a nuestra alma y a nuestro cuerpo.

Si queremos sanar y activar nuestro cuerpo para la sanación a través del Espíritu, entonces tenemos que reconocer las leyes de la vida: Las fuerzas negativas transformadas en fuerzas inferiores actúan de manera contraria sobre el alma y el cuerpo. Las fuerzas positivas, las fuerzas divinas puras, fortalecen al alma y al cuerpo y estimulan la salud, para que la sanación pueda ser eficaz desde dentro hacia afuera, a través de la fuerza de Dios en nosotros.

Esto significa que tenemos que abrirnos primero a las fuerzas positivas, venciendo a nuestras energías negativas, a nuestras sensaciones, a nuestros pensamientos y palabras humanas y enfrentándonos a ellos con pensamientos, palabras y acciones positivos. De esta manera llegamos a ser un recipiente de la fuerza positiva, la que es también la fuerza curativa y vital.

Antes de despertar las fuerzas internas, tenemos que cambiar nuestra propia forma de pensar negativa, es más, cada pensamiento que nos hace recordar una enfermedad. Esto es necesario, porque los pensamientos causan otra vez una enfermedad o mantienen la enfermedad dentro del cuerpo.

Lo mismo vale para cualquier otra dificultad, también para cada problema, para cada molestia, para cada golpe del destino. Si hablamos de aquello que de momento nos pesa, de esta manera lo mantendremos o incluso lo haremos crecer.

Los pensamientos son fuerzas. Cuanto más a menudo pensemos un pensamiento, más grande es el poder que este pensamiento, este complejo mental ejerce sobre nosotros.

Por muy difícil que sea para nosotros el sentir dolores, deberíamos llegar a reconocer que a través de la fuerza de los pensamientos positivos podemos neutralizar muchas cosas o prepararnos para las fuerzas curativas. ¡Tengamos entonces el valor de ver nuestro dolor, nuestras enfermedades, dificultades o problemas como consecuencia de legitimidades! Atrevámonos a tener confianza en el poder y en la fuerza del Espíritu, al que todo le es posible, así también podremos experimentar que la fuerza de Dios está presente, que ella alivia, cura, que ella nos ayuda y conduce.

Preparación para que las fuerzas curativas penetren en nosotros

Para hacernos receptivos para la actividad cósmica, para las fuerzas curativas y vitales, deberíamos hacernos conscientes de que en nosotros está la esencia del infinito. En nosotros actúa un poder que es indescriptible, inconcebible: Es el poder central del amor, es la fuerza y la salvación de Dios

Solo cuando afirmamos nuestra debilidad, nuestra falta de fuerza, nuestra existencia humana, somos débiles, humanos y carentes de fuerza. Sin embargo, si confiamos en el poder supremo, en la plenitud del infinito, si afirmamos que somos hijos de Dios y afirmamos la consciencia Padre-Madre en nosotros, la energía suprema del amor, si la afirmamos en pensamientos, palabras y obras y actuamos de acuerdo con ella, entonces seremos fuertes y poderosos. Lo que oprime al cuerpo, nuestras dificultades presentes, desaparecerán paulatinamente. En lugar de enfermedad habrá salud, en lugar de dificultades y problemas libertad, en lugar de egocentrismo altruismo, en lugar de amor propio amor a Dios.

Deberíamos sentir veneración por este poder supremo en nosotros. La veneración se expresa también en el exterior, en nuestra postura corporal. Una postura erguida es señal de un espíritu correcto. Deberíamos tratar de conseguirlo en el exterior, para que el interior pueda abrirse paso más fácil y rápidamente, pero no para representar algo en el exterior que en el interior aún no existe.

Para hacernos receptivos para la actuación de las fuerzas cósmicas, de las fuerzas curativas y vitales, deberíamos tener una postura del cuerpo, en la que las fuerzas de Dios puedan penetrar con más facilidad en nosotros, en lo posible sin impedimento. Para esto nos sentamos erguidos o nos acostamos de espaldas. Después nos preparamos en pensamientos, es decir, emitimos ondas de pensamientos. Por ejemplo: «En mí hay salud», «En mí está la plenitud de Dios», «Yo soy consciencia cósmica». Así nos rodeamos de un fluido de esperanza, el que por su parte ayuda a orientar a toda la persona de manera positiva, a abrirla para las fuerzas vitales.

Si después queremos dirigirnos a la consciencia de un órgano, por ejemplo al hígado, que está funcionando mal, entonces podemos aumentar la efectividad de las ondas mentales positivas, poniendo nuestra mano derecha en la región del hígado.

Esto se basa en lo siguiente: Cada ser humano es un cuerpo energético. Él recibe energía y emite otra vez energía. Sabemos por las manifestaciones que la mano izquierda recibe, que es al mismo tiempo una antena receptora y transmisora de fuerzas cósmicas. Sin duda que la mano derecha también recibe, pero ella en primer lugar transmite las energías. Si imponemos la palma de nuestra mano derecha, que transmite las energías con más intensidad, sobre la región del cuerpo correspondiente, utilizando la mano izquierda como antena, orientándola hacia el cosmos, entonces la energía cósmica nos traspasa con mucha más rapidez. A través de ello, la fuerza de Cristo que actúa en nosotros facilita el proceso de alivio y sanación, sobre todo en el alma.

Como preparación para la sanación propiamente dicha mediante las fuerzas vitales cósmicas, invocamos a nuestra consciencia del hígado con ayuda de la imposición de la mano derecha, diciendo palabras con el siguiente sentido: «¡Hígado mío, despierta del adormecimiento y cumple fielmente con tu tarea! ¡Produce suficiente bilis y cumple lo que el Todopoderoso te ha ordenado: Desintoxica el cuerpo para que este sea capaz de funcionar!».

A nuestro estómago le podemos decir: «Consciencia digestiva, despierta y cumple las obligaciones que se te han dado. En el último tiempo has descuidado tu tarea como órgano importante. Sé digno de confianza a partir de ahora, cumple con tu deber. Yo afirmo también en ti las fuerzas soberanas positivas y estoy seguro de que vas a cumplir alegremente lo que te ha encomendado el Dios Creador, para contribuir a la salud de todo el cuerpo».

Si sabemos y creemos que todo es energía, que cada célula lleva en sí la fuerza espiritual y que todo lo que vive, vive de Dios y a través de Dios –a través de la energía primaria Dios–, entonces también nos es posible cargar las energías con fuerzas positivas. Por consiguiente también nos es posible incrementar las energías en cada célula de nuestro organismo y sobre todo en nuestra alma, para que estas se hagan más eficaces y ejerzan una influencia benéfica en eventuales contrariedades, como enfermedades o molestias, y de este modo las transformen en algo positivo.

Pero también podemos hacer lo mismo en sentido negativo. Mediante pensamientos inferiores, aceptando enfermedades, el destino, la miseria, la desesperanza y cosas parecidas, podemos degenerar las fuerzas positivas en nosotros, hasta que nuestro cuerpo se debilite cada vez más. Desde el punto de vista espiritual esto significa que el núcleo divino de nuestra alma, el potencial de energía a través del cual fluyen las fuerzas divinas, logra menos actividad y puede atraer cada vez menos fuerza espiritual. Además, esto significa que el alma recibe cada vez menos energía vital y el cuerpo físico menos aún. Los órganos debilitados son después propensos a enfermedades, porque les falta fuerza vital, es decir, energía divina.

O sea que a través de pensamientos y palabras positivas podemos estimular la actividad de la consciencia de los órganos y prepara al órgano para la fuerza interna de salud y vida. La duración de la preparación depende de nuestra carga del alma y de si nuestro mundo de sentimientos y sensaciones está en armonía, es decir, en sintonía con nuestros pensamientos y palabras positivas. Si un órgano ya está muy debilitado, en el primer tiempo acogerá solo lentamente las fuerzas positivas, las fuerzas de salud y vida. Pero no deberíamos dudar ni ser negligentes si el éxito no se hace visible de inmediato.

Si hemos irradiado a un órgano de cinco a diez minutos, o sea, si este ya está preparado, después deberíamos también animarlo a despertar, como por ejemplo a la consciencia del hígado:

«Tú has despertado ahora de tu adormecimiento. Te doy las gracias por haberte preparado para acoger las ondas curativas».

Al estómago podríamos enviarle vibraciones de aprobación, como por ejemplo:

«Tú, mi consciencia del estómago, ahora has despertado. Yo pongo mi confianza en ti. Eres otra vez muy activa. El estómago eliminará los jugos gástricos correctamente, los intestinos volverán a trabajar correctamente, la digestión y el abastecimiento con alimentos transcurrirán sin problemas. Doy las gracias a la consciencia del órgano».

El órgano no comprende nuestras palabras, pero las vibraciones positivas emitidas son acogidas por el conjunto de células y se rodea con ellas.

Podemos actuar de manera parecida con cada órgano, pues todo es energía, todo es vida. A través de sentimientos, sensaciones, pensamientos y palabras positivas podemos despertar toda la vida a una actividad más intensa. O sea que primero despertamos al órgano adormecido, después le damos las gracias por haber despertado y por haberse dejado preparar por los rayos curativos del Espíritu.

Después de este despertamiento concentrado de la consciencia de los órganos, pedimos por las fuerzas curativas incrementadas del Médico y Sanador Interno. Ahora nos abrimos del todo para las fuerzas del Espíritu de Cristo, dejando penetrar en nuestra alma y en nuestro cuerpo las ondas curativas, llenos de confianza y en silencio, sin acoger en nosotros ni una sensación ni un pensamiento.

La confianza y el optimismo producen sanación, dudas lo contrario

En la invocación de los órganos descrita anteriormente, hay que hacerse siempre consciente de que nuestros pensamientos y palabras preparatorios no se dirigen al órgano material sino a la consciencia del órgano, al Espíritu que actúa en cada célula y dirige la función del órgano. Las palabras que vamos repitiendo, deben ser dichas fuerte y claramente. La condición para esto es una confianza profunda en el Eterno, para que nuestras sensaciones estén de acuerdo con nuestros pensamientos y nuestras palabras. Es decir, debemos estar del todo penetrados por lo que pensamos y decimos. Eso es la creencia y confianza en Dios, la fuerza curativa en nosotros.

Y si dirigimos el agradecimiento al cuerpo, al órgano, entonces debemos saber que no damos las gracias directamente al órgano, al cuerpo, sino al Espíritu que actúa en cada célula, en cada órgano, en todo el organismo, el que, propiamente dicho, es la vida, la vida del alma y del cuerpo.

No deberíamos pensar que la repetición de sensaciones, pensamientos y palabras positivos es superflua, puesto que la consciencia celular comprende las frases de invocación. Tenemos que reconocer que no son los pensamientos como tales los que actúan, sino las vibraciones que están detrás de los pensamientos o palabras, es la afirmación de la fe y de la confianza que pronunciamos en los pensamientos y en las palabras.

Si la persona que busca sanación dice las palabras sin sentirlas y duda en su interior, la consciencia celular y el sistema celular acogen solo las vibraciones de duda, es decir, aquello que vibra detrás de las palabras –nuestros sentimientos y nuestras sensaciones: optimismo y confianza o dudas y desconfianza–. Con dudas y desconfianza no conseguimos ninguna sanación, todo lo contrario. A través de ellas podemos hacer que el cuerpo enferme aún más, o sea, degradarlo a través de las vibraciones de duda y hacerlo caer en un campo de vibración que se hace receptivo para los agentes patógenos que están vibrando en esta frecuencia.

Hay que recordar una y otra vez que los pensamientos son fuerzas muy poderosas. Pocas personas saben del gran poder que los pensamientos concentrados ejercen sobre el ser humano. Tanto los pensamientos positivos como los negativos adquieren poder sobre nosotros, cuanto más a menudo pensemos pensamientos iguales o parecidos. Así creamos un inmenso complejo de pensamientos, el que permanece cerca de nosotros como un satélite. Si pensamos solo un pensamiento que sea parecido en su vibración al complejo de pensamientos, después de ello este empieza a trabajar con más intensidad y a ejercer influencia sobre nosotros. O sea que somos lo que pensamos, eso caracteriza a nuestra alma y marca nuestro cuerpo.

Los pensamientos negativos están en la atmósfera y alrededor de nosotros como complejos de pensamientos. Lo que hemos proyectado en el éter, se encuentra también como analogía en nosotros. Por ejemplo, a través de un pensamiento que nos viene desde afuera, podemos crear una comunicación entre nuestras analogías y el reino de los pensamientos donde vibran cosas iguales o parecidas. O sea que tenemos que estar atentos y vivir en un autocontrol constante: ¿Qué siento, pienso y hablo? Eso vuelve a mí mismo.

También podemos aplicar las fuerzas positivas de la salud y de la vida en la familia. Podemos irradiar ondas positivas de pensamientos a nuestro prójimo, a uno de los miembros de nuestra familia, y hacer que el cuerpo sea receptivo para las ondas curativas del Espíritu a través del alma. Si nuestro prójimo es abierto y sintoniza con nosotros, entonces las fuerzas positivas actúan más rápidamente, ya que el que recibe las fuerzas de pensamientos o palabras está dispuesto a recibir.

Cristo, el Médico y Sanador Interno de nuestra alma

La fuerza espiritual, la fuerza curativa que pedimos durante estos procesos, es el Médico y Sanador Interno. Es la fuerza de Cristo que actúa en nosotros. Ella puede desarrollarse en nuestro cuerpo y eliminar las sombras aún existentes.Solo puede llegar a ser eficaz si ponemos nuestros pensamientos curativos bajo la fuerza de Cristo. Deberíamos estar penetrados por el amor a Aquel que solo conoce la salud, que está lejos de toda enfermedad y miseria.

El concepto de «estar enfermo» debería ser borrado de nuestros pensamientos y de nuestro vocabulario, así las ondas sanadoras cumplirán lo que les pedimos. Estas hacen que nuestra alma y nuestro organismo entre en una vibración más elevada, en la que luego la sanación para nuestra alma puede ser realizada por el Médico y Sanador Interno. Si es bueno para nuestra alma, entonces a través del alma podrá tener también efecto la sanación en nuestro cuerpo.

El Médico y Sanador Interno, Cristo, al que invocamos, es entonces el sanador de nuestra alma. Si el alma está sana, ella transmite también las fuerzas curativas y positivas a nuestro organismo.

Para que el Espíritu de Cristo pueda ser eficaz más intensamente en nosotros, tenemos primero que tratar de vivir en armonía en la vida diaria.

*Relajación y silencio
en lugar de tensión, nerviosismo
y contracción*

En el silencio se realiza la fuerza, se realiza la sanación de nuestra alma y de nuestro cuerpo. Por eso tenemos primero que alcanzar el silencio interno, para que las ondas curativas espirituales puedan llegar a ser eficaces.

Si tenemos que luchar por conseguir tranquilidad interna, no debemos ir de un lado a otro en la habitación ni apretar los puños ni rechinar los dientes. Debemos enviar pensamientos tranquilos a nuestro ánimo. El cuerpo reacciona en seguida a nuestros movimientos y pensamientos, que son justamente los que dominan a nuestra disposición de ánimo humano.

También existe el hecho opuesto: podemos tranquilizar a nuestro ánimo humano si primero tranquilizamos a nuestro cuerpo, teniendo pensamientos positivos armoniosos o diciendo palabras positivas armoniosas hacia nuestro interior.

También una postura corporal determinada puede apoyar a una determinada mentalidad. Si estamos nerviosos, entonces deberíamos sentarnos erguidos, poner los dorsos de las manos encima de los muslos, respirar consciente y tranquilamente, y hablar despacio y silenciosamente hacia nuestro interior. Estos pequeños ejercicios contribuyen al sosiego y a la preparación del cuerpo. Solo si sentimos, pensamos y nos movemos de manera tranquila y armoniosa, la fuerza curativa puede ser eficaz en y dentro de nosotros.

Imaginémonos nuestro ánimo como la superficie de un lago sacudido por una tempestad muy fuerte. Imaginémonos después como el viento se detiene de repente y las ondas se tranquilizan, hasta que el lago está tranquilo y brilla como un espejo. De esta manera y con estas imágenes de pensamientos podemos tranquilizar a nuestro ánimo. La tensión y la alteración interna se disuelven.

Deberíamos prestar una atención especial a nuestro sistema nervioso. Este árbol de la vida en el ser humano es decisivo para la salud o la enfermedad. Si estamos nerviosos, en ese caso nuestros nervios están sobrecargados, o hay una causa antigua que puede ser también de origen kármico. Cuando hay una contracción nerviosa o intranquilidad, a pesar de nuestras sensaciones de sanación o de nuestros pensamientos de sanación la fuerza de Cristo no puede fluir libremente, ya que esta penetra en nuestro cuerpo solo a través de una consciencia nerviosa relajada.

Por lo tanto, cada contracción es perjudicial. No importa cuál sea su origen, si es por pensamientos contrarios a la ley divina o por estrés. Si nuestro sistema nervioso se encuentra en desarmonía, entonces a la fuerza eterna, armoniosa y armonizante no le es posible hacer accesible a la persona la ayuda, el alivio y la sanación según la voluntad divina.

Si una persona quiere después orientarse hacia las fuerzas del Espíritu y otorgarles el dominio sobre su vida, es importante saber que esto no puede suceder de hoy a mañana. Ni el ser humano ni el alma pueden desprenderse en poco tiempo de las ideas y costumbres antiguas, ya profundamente arraigadas y grabadas en el interior.

¿Necesitamos a un médico?
Un buen médico une la terapia
medicinal y la espiritual

Más de una persona que empieza a utilizar las fuerzas cósmicas en su vida se pregunta: ¿para qué necesitamos a nuestros médicos, si en nosotros está la fuerza para la salud absoluta?

Para la mayor parte de nuestros semejantes, el médico es necesario en la actualidad, porque no todos pueden cambiar de hoy a mañana y desarrollar así una fe tan viva como Jesús dijo, que esta «sea capaz de mover montañas». Respecto a la sanación, esto significa: quien pueda desarrollar tales fuerzas para que las fuerzas curativas de Cristo puedan absorber cada molestia de un día a otro.

Lo decisivo es el estado de consciencia de cada uno. Mientras nos identifiquemos una y otra vez con nuestro cuerpo, afirmando así nuestros males, los mantendremos, o crearemos otros nuevos.

Pero si llegamos a ser conscientes de que somos hijos de Dios, entonces experimentamos que ya no estamos sometidos a la suerte temporal.

Dios es absoluto. Él es perfecto y ha creado solo seres perfectos, o sea, hijos perfectos.

Por lo tanto, si estamos enfermos, si sufrimos por miseria y reveses del destino, no es Dios el origen de estos males. Nosotros mismos los hemos causado a través de nuestro comportamiento contrario a las leyes divinas, en nuestras sensaciones, en nuestro modo de pensar, de hablar y actuar.

Si queremos desarrollar una fe viva que nos inunde del todo, deberíamos estar libres de grandes dolores. Deberíamos consultar a un médico que también nos ayude a aumentar nuestra creencia en el poder interno, en Cristo, y a desarrollar pensamientos positivos.

Si después de esto nuestro sistema nervioso se ha armonizado a través de medicamentos correspondientes, sobre todo medicamentos naturales, si nuestro dolores ya son soportables y nuestro cuerpo se ha vitalizado, entonces podemos empezar a desarrollar las fuerzas positivas y a incrementar la fe y la confianza en Cristo.

Por lo tanto, si el médico ayuda exteriormente y la persona se une con Cristo y desarrolla las fuerzas positivas, para que así las fuerzas positivas fluyan desde dentro, a continuación puede suceder en nosotros lo que es legítimo. El enfermo ya no trabaja en contra del médico preguntándose con temor si el médico y los medicamentos pueden ayudarle y si la enfermedad tal vez sanará. El médico y el enfermo colaboran para conseguir salud y estabilidad para el cuerpo.

Si el enfermo está orientado de manera positiva, atribuirá el efecto curativo correspondiente a los medicamentos y se abrirá así para las fuerzas positivas.

Si estamos en gran parte en sintonía con las fuerzas cósmicas, la consecuencia es la salud. Sin embargo, si tarde o temprano una culpa del alma tiene que liberarse, es decir, si la persona enferma porque en vidas anteriores actuó contra las leyes del Señor, pero la causa se hace efectiva solo ahora, ¿qué se puede hacer? ¿Dónde se encuentra a un médico con experiencia, que sepa unir la terapia medicinal con la espiritual?

Deberíamos dirigirnos siempre primero a Aquel que sabe de todas las cosas, también cuando por ejemplo nos encontramos ante la decisión de ir a un médico o a un hospital. Quien reza de corazón, entrando una y otra vez en la meditación para ser silencioso, pidiendo ser conducido, también recibirá.

Así se nos pueden ocurrir pensamientos provechosos justamente durante el silencio, la oración o la meditación e indicarnos el paso siguiente y de esta manera decidir muchas veces sobre el desarrollo de la enfermedad. ¡Cuánto nos podrían ayudar si los aprovechásemos!

Algunas personas, en cuanto se sienten un poco mal, van enseguida al médico para saber si el corazón, el estómago, los pulmones o cualquier otro órgano están sanos. En esto se puede reconocer que la persona todavía no es capaz de activar las fuerzas curativas que reposan en ella. El miedo de estar quizás enfermas es lo que hace enfermar a muchas personas. Si el paciente escucha del médico que el pulmón o el hígado no están sanos, entonces se preocupa. El resultado es que el pulmón o el hígado se alteran aún más, pues por la forma de pensar incorrecta, por preocupaciones y miedo, baja la vibración de estos sistemas celulares.

Nuestra vida mental, la consciencia del ser humano, ejerce una inmensa influencia sobre el organismo. Quien se someta al consejo y cuidado médico, debería prepararse espiritualmente a través de la oración y la meditación.

Pero sería una necedad ir solo al médico para preocuparse después por las posibles partes débiles del cuerpo. Muchos buenos médicos saben de la fuerza de los pensamientos. Ellos saben que en muchos casos los enfermos se van marchitando en cuanto se les dice qué enfermedad tienen. Incluso el más valiente pierde casi siempre el valor cuando se entera de que tiene cáncer. Por eso, el médico debería ser muy prudente al hablar sobre el diagnóstico, y crear esperanza en la persona: no solo esperanza en la efectividad de «sus» medicamentos y aparatos, sino esperanza en la fuerza en la persona, esperanza en el sistema de autosanación en cada cuerpo.

Si tenemos suficiente confianza en Dios, entonces no necesitamos saber el nombre de la enfermedad. Muchas veces la intranquilidad se acentúa en nosotros cuando nos enteramos con detalle de las perturbaciones orgánicas. Pero alteraciones y preocupaciones empeoran nuestro estado. Miedos concretos nos atan a la enfermedad.

Quien sea capaz de entregarse confiado en las manos de Dios y de un buen médico o naturópata, sin querer saber exactamente de qué enfermedad se trata, tiene la mayor bendición para su alma.

*La sanación a través del Espíritu,
sin medicamentos ni sustancias vegetales,
es posible*

La sanación sin medicamentos ni sustancias vegetales es posible a través del Espíritu de Dios. El que se abre para la fuerza universalmente activa, que es también la fuerza curativa, puede ser traspasado por ella cada vez más, y paulatinamente, llegar a liberarse de todas las drogas y remedios. Pero como este desarrollo no puede suceder de un día a otro, la persona tampoco puede estar de hoy a mañana sin medicamentos, a los que quizás estaba acostumbrada desde hace mucho tiempo.

Sin embargo, podríamos pasar poco a poco de medicamentos alopáticos a medicamentos naturales. De esta manera el organismo puede ir cambiando lentamente de costumbres. Pero este cambio debería ser hecho por un médico o naturópata. En esto también es decisiva nuestra forma de pensar y nuestra orientación.

Deberíamos enviar ondas de pensamientos positivos a nuestro cuerpo, que encienden e incrementan la luz interna, la luz de Cristo, y la hacen brillar. Por lo tanto, el cambio de los medicamentos alopáticos a naturales debería ir acompañado por nuestros pensamientos positivos.

No a toda persona le es posible orientarse del todo de manera positiva de un día para otro. Al cambiar de pensamientos contrarios a la ley de Dios, pesimistas y dudosos, a pensamientos positivos, constructivos y afirmativos, experimentamos los mismos altibajos pequeños y grandes que en una enfermedad, que puede tener cada día otros síntomas y valores diferentes, o como en el cambio de alopatía a medicina natural.

Tenemos que hacernos conscientes una y otra vez de que todo está basado en vibración. Tal como pensamos, así llegaremos a ser o somos. Todo lo que pensamos lo irradiamos y lo estimulamos, o bien lo envenenamos con nuestros pensamientos negativos de odio, de duda, a través de rabia y desprecio.

Estos aspectos negativos pueden bloquear también totalmente el efecto de la medicina y empeorar así una enfermedad. O sea que a través de nuestros pensamientos podemos influir sobre la medicina que tomamos, tanto en los medicamentos químicos como en los naturales.

Quien se libera de sentimientos negativos por medio de la oración, de la meditación crística, o tratando de enfrentar a los pensamientos negativos con positivos, se libera paulatinamente de sus sentimientos y pensamientos inferiores y se acerca a la armonía universal. De esta manera libera cada vez más energía divina, la que lleva a la medicina a la vibración correspondiente y hace que tenga un efecto de alivio y sanación.

Un medicamento no es, como se piensa en general, solo una sustancia que conduce a una determinada reacción, por ejemplo química. Es también un complejo de pensamientos que produce diferentes efectos, porque en él hay diferentes vibraciones, según sea la consciencia de su productor, de su elaborador, del médico que lo prescribe, y finalmente del enfermo que lo toma. Cada una de estas vibraciones se deposita en el medicamento y actúa en nuestro cuerpo, que es receptivo para ellas. Si por ejemplo tomamos medicamentos que contienen altas potencias, entonces todos los pensamientos, o sea, todas las diferentes influencias de consciencia que forman parte en la producción, en la distribución y en la transmisión a los enfermos, están potenciadas correspondientemente. Es conocido que las potencias altas actúan también en nuestro cuerpo espiritual, en el alma. Esto significa que esta acoge después las influencias potenciadas, o sea, incrementadas, y se infecta con ellas, si en ella existen complejos de vibración iguales o parecidos, es decir, analogías.

Por eso es aconsejable irradiar el medicamento con nuestra consciencia preparada, para que pueda llegar a ser eficaz para el órgano en cuestión. Tenemos que reconocer que el efecto de todas las sustancias es relativo. En muchos casos, el medicamento puede llegar a ser efectivo solo cuando el enfermo acepta al medicamento en pensamientos, cuando cree en su eficacia. Quien desea transmitir al medicamento la vibración de un efecto correcto y legítimo, tiene que mejorar primero su mundo de sensaciones y pensamientos, o sea orientarlo de manera positiva.

Todas las sustancias curativas, sean químicas o vegetales, pueden ser irradiadas por el enfermo de manera positiva o negativa.

Cuando tenemos que tomar una medicina, deberíamos poner este medicamento, este complejo vibratorio en las manos de Dios, y pedirle que lo irradie correspondientemente para que tenga un buen resultado sin efectos secundarios. Pero debemos cambiar también mentalmente nuestra actitud y organizar así nuestra vida de manera positiva.

Si cambiamos nuestra actitud interna, la medicina también puede actuar de manera positiva. Si llevamos una vida noble, el Eterno, al que todo le es posible, puede neutralizar las sustancias dañinas a través de nosotros, de nuestra orientación positiva, y hacer accesible la frecuencia necesaria al órgano enfermo a través del medicamento. Esto sucederá según sea nuestra forma de pensar y de vivir. En la medida en que nosotros cambiamos, así varía la frecuencia vibratoria en el alma y en el cuerpo.

La acción de la materia, o sea del medicamento, corresponde al estado de la consciencia humana.

Cuanto más esté esta orientada hacia el mundo material, más medicamentos necesitaremos para curar las enfermedades. Pero si nuestra consciencia despierta a la verdad, entonces actúa la verdad, el Espíritu en nosotros, y nos sana. Esto no quiere decir que además deberíamos renunciar a la medicina natural para apoyar a nuestro cuerpo, sobre todo si existe una debilidad acentuada del sistema nervioso.

El miedo atrae catástrofes.
La irradiación atómica aumentará

¿Pero cómo está este mundo?

Hasta ahora hablé de ingerir medicamentos. Si observamos los acontecimientos y sucesos en nuestro mundo, los experimentos atómicos y los accidentes en bases nucleares, el rearmamento atómico y la acumulación de desperdicios atómicos, tenemos que reconocer que la radioactividad aumentará con el tiempo. No solo los accidentes en y alrededor de las centrales nucleares emiten radioactividad, sino cada central nuclear, también aquellas que son «de funcionamiento fiable» irradian continuamente radioactividad. Las armas atómicas y los desperdicios atómicos son igualmente fuentes de irradiación de radioactividad. Es decir que no solo cada experimento atómico produce radioactividad.

Sabemos que ninguna energía se pierde, y esto vale también para la radioactividad emitida.

Por medio de pensamientos llenos de miedo y de desesperanza la reforzamos todavía más y la hacemos aún más peligrosa de lo que es en realidad. A través de nuestros temores y preocupaciones por nuevas catástrofes nucleares las atraemos y se producen.

¿Quién puede quitar a los seres humanos los pensamientos de miedo por su cuerpo? ¿Quién puede quitar a los seres humanos los pensamientos de miedo y preocupación por tal vez nuevas catástrofes y de que otras centrales nucleares se averíen? Los seres humanos emiten sus pensamientos. Como los pensamientos son fuerzas, ellos causan inevitablemente lo que la persona justamente no desea, que es lo que teme y comenta. Pues ella reflexiona y habla sobre el peligro y así cae en una actitud de espera de que pueda suceder lo que teme. De esta manera crea energías que entonces alcanzan su punto de destino, trabajan en los lugares correspondientes y hacen surgir poco a poco aquello que se teme. La persona no lo quiere, sin embargo, lo «despierta» con sus pensamientos y palabras. Invocando lo negativo pone en duda lo positivo. Emite sus pensamientos hacia las fuentes de peligro y así contribuye a que suceda lo que se daba solo como posibilidad, pero no como efecto. Por lo tanto, el ser humano hace que la posibilidad se transforme en consecuencia, porque sus pensamientos trabajan en el lugar que él ve como fuente de peligro: por ejemplo, centrales atómicas, almacenes de armas, acumulaciones de desperdicios atómicos o instituciones que apoyan el uso de la energía nuclear.

Lo que el ser humano siembra en pensamientos, palabras y obras, lo cosechará. O sea que de alguna manera cosechará los peligrosos rayos atómicos que han sido producidos por accidentes, por irradiación, por experimentos o guerras nucleares.

La irradiación atómica es el veneno invisible, gradual, la muerte invisible que altera la atmósfera y en parte la desbarata. La irradiación atómica es la muerte lenta e invisible en el mundo de los animales. Envenena la tierra con sus plantas, hierbas y frutos. Envenena al ser humano y a veces hace que este tal vez tenga que sufrir mucho tiempo.

El ser humano vive de lo que crece en la tierra. Si esta está contaminada, si cada planta, cada hierba y cada fruto han llegado a ser una fuente de irradiación negativa, ¿de qué se alimentará entonces una persona? O come lo que la naturaleza produce, y se infecta cada vez más con la irradiación atómica, o se muere de hambre. Lo mismo vale para el agua potable, para las fuentes subterráneas y para los mares.

¿Qué más se puede hacer? ¿Dónde está la salvación? ¿Dónde está el remedio?

El ser humano experimentará y tendrá que vivir lo que significa no poder ingerir nada que no irradie de manera negativa. Él tendrá que conformarse en mayor o menor medida con que, a través de las causas más diversas, la capa de ozono de la atmósfera se rompa, que haya cada vez más enfermedades de la piel y quemaduras y que el llamado cáncer de piel sea cada vez más frecuente.

La humanidad cósmica

El género humano actual irá disminuyendo. En su lugar aparecerán seres humanos transformados en su irradiación. Es la humanidad cósmica, la que en su irradiación se encuentra por encima de la intensidad de irradiación de esta Tierra y de los seres humanos de hoy en día. La metamorfosis sucederá imperceptiblemente. El ser humano cósmico tendrá una irradiación más fina y más pura. Estos seres humanos serán capaces de sobrevivir en muchos casos, porque su vibración será más elevada que la del ser humano material de hasta ahora.

De los escombros de la forma humana de pensar, de esforzarse y actuar se levanta el hombre nuevo, la nueva vida, así como el ave fénix surge de la ceniza. Es la nueva raza humana para la Nueva Era. Seres humanos de irradiación más fina y pura, seres humanos orientados de manera cósmica, que aplican las leyes cósmicas que tienen validez en toda la naturaleza, en cada animal y en cada piedra, en todos los astros, poseerán la nueva Tierra, la Tierra purificada.

Las leyes cósmicas son la vida en cada alma y en cada persona. Es la ley eterna universal, que los seres humanos cósmicos aplican correctamente.

Así como el ser humano cósmico se levanta de la ceniza, de la descomposición humana, de la misma manera, casi simultáneamente, cambiará también toda la vegetación. La atmósfera será cada vez más permeable. Sobre todo la capa de ozono alrededor de la Tierra, la que detiene los rayos ultravioletas, será cada vez más fina. Los polos y los mares se calentarán. Las condiciones climáticas cambiarán. De esta manera se transformará la estructura de todo el planeta en que vivimos. Con el tiempo, eso producirá cambios considerables en la naturaleza, en el reino de los animales, en y dentro del ser humano. Es decir, cuando la irradiación cambie, también cambiará toda la vida.

Los seres humanos orientados materialmente fallecerán debido a enfermedades, quemaduras, a través de daños atómicos y muchas cosas más.

También los reinos de la naturaleza contaminados están sometidos a este proceso.

De este proceso de muerte nacerá una vida más pura, más hermosa y más abundante. Una irradiación más elevada sustituirá a las vibraciones bajas negativas. Quien se encuentre en una irradiación más elevada, resistirá muchas cosas y quizás incluso sobrevivirá, aunque a través de algunos trastornos profundos que afectarán a toda la Tierra con su atmósfera y a la generación humana actual.

¿Dónde está la salvación? ¿Dónde está el salvador?

La salvación está únicamente en cada persona. Es el Espíritu de Dios, la irradiación más elevada. Por lo tanto, el salvador es el Espíritu de nuestro Padre eterno, que vive en cada alma y en cada ser humano, en cada piedra, en la naturaleza y en cada animal.

Ya que una vibración elevada puede influir sobre una inferior, pero por el contrario la vibración baja no puede afectar o ejercer influencia en la vibración superior, de ello se deduce lo que hay que hacer. Con esto quiero decir lo siguiente: La vibración humana, todo lo que hemos emitido como seres humanos y todavía emitimos, lo que nos conduce a nuestro sufrimiento y a nuestra aniquilación, es una vibración negativa. Esta vibración jamás puede alcanzar a la irradiación divina e «infectarla» con todos sus complejos contrarios a la ley divina. Las fuerzas negativas se destruyen a la larga a sí mismas, porque el Espíritu de Dios, la irradiación elevada, irradia también solo lo positivo en cada vibración negativa. Es conocido que la vibración solo existe cuando dos polos están activos, cuando el polo negativo y el polo positivo están en un efecto recíproco.

Dios, la irradiación elevada, irradia solo lo positivo, aquella parte de la vibración que mantiene el efecto recíproco mutuo de los dos polos, positivo y negativo. Es la irradiación divina para las formas de vida materiales. Si la vibración de estas disminuye y las fuerzas positivas, la irradiación elevada, la energía elevada, Dios, siguen fluyendo en ellas, entonces hay tensiones cada vez mayores en la materia. Lo humano, lo negativo, lo egocéntrico, se aparta de la irradiación elevada; no quiere ni puede entrar en comunicación con las fuerzas superiores. Por lo tanto, es inevitable que haya una fragmentación, y a la larga, una transformación.

Si a través de sus acciones los seres humanos producen cada vez más energía negativa, o sea, fuerza inferior que está orientada hacia la vida material, que influye también perjudicialmente sobre todas las formas de vida materiales, destruyéndolas, en ese caso las tensiones en la materia son cada vez más grandes y ya no hay contacto entre ella y la irradiación elevada. Esto significa que con el tiempo tiene que haber una expansión en sentido negativo y en el curso posterior una explosión como una erupción enorme. Esto quiere decir que habrá «desplazamientos de masas», que producirán también un cambio total en y sobre la Tierra.

Para poder luchar contra este proceso, todos los seres humanos tienen que cambiar. Cada uno tiene que adaptarse poco a poco a la elevada irradiación, Dios. Uno mismo tiene que acercarse a la irradiación divina y no debe esperar que Dios degrade Su irradiación, o sea, que Él se le acerque con Su irradiación elevada. Esto significa para cada persona un cambio completo en su forma de pensar, que también tiene como consecuencia una actuación correspondiente.

*Cada uno tiene que
reconocer su responsabilidad
y empezar consigo mismo*

Si la persona quiere vivir sana, tiene que ver y experimentar a Dios en todo. Tiene que vivir las leyes cósmicas, las leyes del amor altruista, de la paz y de la armonía. Tiene que hacer uso para sí de lo puro, hermoso, bueno y noble en todas las formas de existencia y respetar todo lo que vive. El ser humano no solo debe hablar de la vida, de Dios, y que habría que hacer esto o lo otro para conseguir que el mundo mejore, sino que cada uno es llamado a empezar primero consigo mismo.

Si la persona aprende a cambiar de opinión, a pensar y vivir de manera legítima, como consecuencia elevará su irradiación. Llevará a cabo su vida de forma divina. Ya no pensará de manera negativa y destructiva ni se basará en estas fuerzas, sino que vivirá en paz con su prójimo, con la tierra y los reinos de la naturaleza.

La paz solo puede nacer del ser humano mismo, de cada uno, si él trata de pensar y vivir de manera altruista y sobre todo de respetar la vida.

Cada persona tiene un efecto determinante no solo sobre su propia vida y la de sus semejantes, sino también sobre la Tierra y todo lo que Tierra produce. Cada uno es entonces responsable de sí mismo, de su forma de pensar y actuar, y además, también de todos los seres humanos, del planeta Tierra en que vivimos y de su atmósfera.

O sea que esto no significa que el que debe cambiar es el prójimo, la Iglesia y el Estado.

Cada uno tiene que cambiar. Solo de este modo irradia él fuerzas positivas constructivas, y en comunidad con muchas personas afines, actúa también de manera positiva sobre sus semejantes que están todavía en la sombra del modo de pensar materialista. Así actúa también sobre la Tierra, de la que él forma parte.

Jesús dijo: «Lo que haces al más humilde de Mis hermanos, me lo haces a Mí».

Dios es todo en todo. Es decir que lo que hacemos a nuestro prójimo, también a los reinos de la naturaleza, vuelve a recaer sobre nosotros mismos.

Si queremos que se nos eleve la vibración de nuestra estructura del alma y del cuerpo, en este caso también tenemos que dejarnos elevar, cambiando nuestro modo de pensar. Si sentimos, pensamos, hablamos y actuamos positivamente, si empezamos a llevar una vida altruista, a respetar a nuestro prójimo, a amarle, a hacerle el bien, a apreciar la vida en la Tierra y en los reinos de la naturaleza, entonces con ayuda de la fuerza de Cristo nos ennobleceremos y elevaremos nuestra vibración.

La fuerza de Dios, la irradiación más pura, nos irradiará cada vez más. Elevará nuestra alma y fortalecerá nuestras células, órganos, músculos, glándulas y hormonas, es más, conducirá a todo el organismo a una vibración más elevada. Cuando entonces las fuerzas más elevadas nos traspasan y conducen, nos alejamos cada vez más de las vibraciones bajas, negativas.

Nuestra irradiación positiva y elevada del alma y del cuerpo, influye luego también de manera positiva en los medicamentos naturales y la medicina. Así nos será también posible protegernos de muchos peligros que afectarán a muchos seres humanos y también a la Tierra.

De esta manera nacerá la nueva humanidad. De lo negativo se alza lo positivo. De la generación orientada hacia lo perecedero, hacia la materia, nace la generación espiritual de los seres humanos conscientes de Dios.

El salvador de toda miseria y de todo peligro es la irradiación suprema: Dios en nosotros.

Por eso, en el futuro hay que considerar que: si quieres ponerte a salvo de los peligros más grandes, si quieres conseguir la sanación a través del Espíritu, si quieres encontrar liberación de miedos y presiones, en ese caso tu consigna debe ser la siguiente: ¡Más cerca de ti, mi Dios!

Si queremos acercarnos a Dios. ¡Empecemos entonces en seguida! Dejemos vibrar en nuestro interior ondas de agradecimiento hacia Dios y de benevolencia hacia todos los seres humanos.

En vez de quejarnos de nuestra enfermedad, tratemos de desarrollar sentimientos de agradecimiento a Dios y de afabilidad con nuestros semejantes. A través del agradecimiento y de la afabilidad desaparecen tensiones anímicas y crece la resistencia física, porque vibraciones más elevadas nos traspasan con más intensidad.

O sea que a través de una vida noble, a través de la oración y la meditación, a través de pensamientos y acciones positivas, tenemos que tratar de elevar nuestra consciencia a un nivel espiritual más alto, a la irradiación fina y elevada de Dios. Así cambiarán también los síntomas externos de las enfermedades, y llevaremos luz a la vida pobre en luz de muchas personas.

Si vivimos en el autocontrol y en la realización y nuestra consciencia se desarrolla correctamente, esta nos guiará a un médico que hará lo que sea correcto para nosotros. Otra vez puede indicarnos el camino para sanar sin que tengamos que acudir a un médico. Una consciencia desarrollada en su mayor parte también nos puede conducir fuera de una zona de peligro donde se avecina una desgracia. O la consciencia desarrollada en la que la fuerza de Cristo es cada vez más activa, nos hace cambiar los preparativos y los planes, para que nosotros y otros seamos protegidos de perjuicios.

Si nuestra consciencia vibra en la consciencia de Dios, en la irradiación pura, también es posible para Dios conducirnos según Sus leyes.

La consciencia elevada es la que entonces nos conduce en nuestra vida en todas las cosas, en las grandes y en las más pequeñas.

Si por ejemplo nos encontramos ante una oferta de alimentos, no nos apetecerán aquellos que no sean beneficiosos para nuestra constitución o incluso contengan sustancias tóxicas, o sea, veneno.

O sea que depende únicamente de nosotros, de nuestra propia forma de sentir, pensar y actuar. Tenemos que sintonizar nuestro verdadero Yo divino con todo el universo. Entonces se nos dará la conducción a través de la fuerza de Dios, a través de la fuerza de Cristo. Alcanzaremos salud y bienestar y nos adaptaremos a la fina y protectora irradiación de Dios.

Somos hijos de Dios.
Poseemos en nosotros la fuente
de fuerza y salud.
Tenemos que eliminar los pensamientos
negativos de nuestra consciencia

La imagen de enfermedad, problemas, miedo, preocupaciones y miseria tiene que desaparecer de nuestros pensamientos. Tenemos que esforzarnos totalmente para que ya no veamos estos aspectos humanos, como por ejemplo una enfermedad, como algo que hay que curar. ¡Nos imaginamos con nuestros pensamientos y con nuestra fe que la enfermedad y otros males no existen! ¡En vez de estar obsesionados por la enfermedad, por preocupaciones, dificultades, problemas y cosas parecidas, afirmamos la salud, la alegría, la armonía, la tranquilidad y la felicidad!

Deberíamos tomarnos alguna vez tiempo para meditar sobre la fuerza divina perfecta, sobre la irradiación sublime, sobre la realidad que se encuentra detrás de las sombras de enfermedades, sufrimientos, miseria y preocupación, sin preocuparnos de la imagen externa, sin preocuparnos de lo grave que parece ser una enfermedad o una infección. A través de ello entramos en un ámbito de vibración más elevado, en una irradiación más sutil. De acuerdo con este estado de vibración, cambiará entonces el cuadro clínico de la enfermedad.

Cada uno de nosotros es, según su verdadero ser, un portador de la vida divina, un hijo del Altísimo. Según nuestro origen somos divinos. La plenitud de nuestro verdadero ser es salud, paz y felicidad.

Meditemos sobre las palabras: Somos hijos de Dios que poseen toda la plenitud del infinito, salud, paz y dicha.

O sea que debemos orientarnos hacia Dios, la fuerza y la plenitud eterna. No debemos hablar de nuestras enfermedades y nuestros golpes del destino. No debemos quejarnos ni pensar qué medicina podríamos probar hoy. Pues así como nos dedicamos a las enfermedades y sus causas, contribuimos a que aparezcan síntomas nuevos y se formen más agentes patógenos.

Debemos rechazar sobre todo el dejar penetrar en nuestra consciencia estas imágenes negativas. En cuanto hayamos eliminado estas «equivocaciones», puede aparecer el estado perfecto de la realidad, ya que poseemos el verdadero Yo divino. En cada momento somos hijos de Dios. Tenemos que liberarnos de cada contrariedad todavía existente, para que pueda actuar la fuerza vital.

En nuestra vida tampoco debe haber odio. Nuestro prójimo tiene que ser un amigo y hermano para nosotros. Tenemos que evitar toda alteración del ánimo, y así alcanzamos el estado de la paz. En la paz sanan el alma y la persona.

Así como los cuerpos materiales al caer se comportan según la ley de la gravedad, así también en el ámbito de los pensamientos existe la ley de la atracción.

¡Hagámonos conscientes de que la enfermedad no es otra cosa que la manifestación de nuestros pensamientos!

Por consiguiente, lo que atraemos con los pensamientos, cae por decirlo así dentro de nosotros, debido a que en nosotros existe lo mismo o algo parecido. Se sabe que lo igual atrae a lo igual.

¿Qué es en realidad la enfermedad?
La enfermedad está basada
en una forma errónea de pensar

¿Qué es realmente una enfermedad? Se la puede comparar con las nubes. El vapor del agua sube de la superficie de la Tierra y se condensa en formas nebulosas. Las nubes nos tapan la vista del sol.

De manera parecida emergen del alma del ser humano las causas como efectos y toman en nosotros la forma de enfermedad. Contraen el sistema nervioso, por lo que disminuye la fuerza espiritual, que es aliviadora, curativa y constructiva.

Reconozcamos entonces que por mucho que el sol espiritual, el Espíritu eterno, esté tapado para nosotros por las nubes, ¡esto no afecta al sol mismo, al Espíritu! Las nubes forman una envoltura del alma, un velo. El Espíritu mismo permanece libre de esto.

La enfermedad está basada en una forma errónea de pensar.

Lo que pensamos toma forma, pues cada pensamiento es energía. La formación de los pensamientos, o sea la suma de nuestros pensamientos, influye sobre el alma y el cuerpo.

Si tenemos miedo a la enfermedad, de ese modo la estamos afirmando. Si hablamos de enfermedad, también la estamos afirmando. Es decir que formamos un complejo de pensamientos que se llama enfermedad.

Pero si sabemos que ninguna energía se pierde, y por miedo y hablando de enfermedades emitimos energías de enfermedad, entonces atraemos otra vez lo que hemos emitido. Esto ejerce influencia en nosotros. Cargamos nuestra alma y nuestro cuerpo: enfermamos.

En consecuencia podemos decir que nuestras enfermedades son pensamientos manifestados, nuestros propios pensamientos, no los pensamientos de nuestro prójimo.

Si tenemos miedo a virus y bacterias dañinas, entonces atraemos virus y bacterias dañinas. Si tememos lo que estos podrían causar, ellos ejercen influencia sobre nosotros y causan algo igual o parecido en nuestro cuerpo.

Aquello de lo que tenemos miedo, se convierte después en realidad en nosotros.

El miedo y las preocupaciones significan falta de confianza en Dios. Pero falta de confianza en Dios significa también que en nosotros fluye solo poca fuerza espiritual. Si aumentamos todavía más nuestros temores y nuestras preocupaciones por la afirmación de las preocupaciones, entonces la fuerza espiritual disminuye cada vez más, por lo que nos falta energía. Esto significa que somos pobres en energía o que lo seremos cada vez más, según cuán a menudo reflexionemos sobre nuestras preocupaciones, sobre nuestras enfermedades.

Falta de energía espiritual es debilidad del alma y del cuerpo. La consecuencia es que aquello a lo que tememos ejerce influencia sobre nosotros.

Nos infectamos con nuestros propios pensamientos de temor, de preocupaciones, con nuestros propios pensamientos sobre enfermedades, miseria y golpes del destino. Si tenemos miedo de virus y bacterias dañinas, con esa actitud los atraemos y por ello nos pueden infectar.

Las enfermedades están basadas en una forma errónea de pensar.

Tarde o temprano tenemos que captar y aprender que somos hijos de Dios, seres cósmicos. Dios creó nuestro propio ser interno, nuestro cuerpo espiritual, absolutamente puro y libre.

Dios no conoce la enfermedad. Él es absoluto.

Si como seres puros nacimos de Él, entonces somos absolutos en Dios, es decir, puros, libres y por eso perfectos.

Si nos apartamos de lo absoluto, de la Ley Absoluta del amor y de la armonía, de ese modo determinamos nuestra vida. Todos nos hemos salido y nos salimos de la ley de Dios a través de nuestra forma errónea de pensar y actuar. Nuestros moldes mentales erróneos influyen en nosotros, nos determinan y marcan. Esto significa que nos convertimos en nuestro propio molde mental. Nuestros moldes mentales pueden ser los más diferentes miedos o preocupaciones de diferente tipo. El miedo a una enfermedad produce los síntomas de esta enfermedad a nuestro alrededor y después en nosotros. Se formó porque abandonamos lo absoluto por la forma errónea de pensar.

En el Espíritu no existen enfermedades. Por lo tanto, las tenemos que haber creado nosotros mismos. La apariencia externa equivocada es nuestro ser. Es un complejo de pensamientos manifestado en nuestro cuerpo. Este complejo de pensamientos influye en nosotros en la medida que nosotros se lo permitimos a través de los pensamientos constantes en la enfermedad y del miedo a la enfermedad.

*La elevación de la consciencia
y la unión con el núcleo divino posibilitan
la sanación por el Espíritu de Dios.
La programación positiva de la familia*

De ningún modo podemos sanar una enfermedad grave solo con pensamientos positivos. Pero estos preparan nuestro cuerpo para las ondas curativas del Espíritu, si los pensamos hacia nuestro interior, animando con ellos a nuestras células y nuestros órganos. Sin embargo, lo que pensamos deberíamos afirmarlo en sensaciones y sentimientos. Dicho de otra manera: pensamiento, sensación y sentimiento son una decisión.

Nuestro SER puro, el núcleo divino del alma, no conforma ninguna unidad con la enfermedad. Tenemos que ampliar y elevar nuestra consciencia a través de pensamientos positivos, a través de ondas de salud, para que pueda entrar en una comunicación más intensa con el núcleo divino del alma, con el Espíritu absoluto. De ello resulta una corriente intensificada del Espíritu que entonces actúa por el bien del alma y la curación del cuerpo.

De esta manera al Espíritu de Dios le es posible disolver una enfermedad y hacerla desaparecer, así como lo hace el sol con las nubes. Pero nosotros debemos dar el primer paso: tenemos que ampliar nuestra consciencia, elevarla y entrar en una comunicación más intensa con el núcleo divino, con lo divino en nosotros.

El ser humano trata frecuentemente de alcanzar la fuerza de la sanación interna sumergiéndose en su interior, donde fluye el manantial de la vida, orando, meditando, por medio de pensamientos positivos y de una alimentación determinada. A pesar de ello no consigue entrar totalmente en la esfera de vibración en la que es posible la sanación a través del Espíritu de Dios. Si nos sentimos más o menos en armonía, si nuestros pensamientos son en su mayor parte positivos, y a pesar de todo sentimos que no elevamos nuestra consciencia, en ese caso deberíamos mirar en nuestro interior.

Deberíamos también observar si no hay desavenencias internas, peleas, rabia, odio y otras disonancias en la familia. Estos impulsos molestos pueden influir en la persona orientada hacia el interior. Le pueden evitar que entre en la armonía en la que le es posible establecer un contacto más intenso con el Médico y Sanador Interno. Si la familia es desarmoniosa, entonces es aconsejable que el enfermo mismo trate de llevar armonía a la familia.

Frases fáciles de recordar, que pueden servir como soportes de consciencia, pueden ayudar para conseguirlo. Estas son: «Mi familia se compone de hijos de Dios». «En mi familia de hijos de Dios solo puede haber perfección y armonía». «La consciencia de cada uno está llena de paz y amor». Si nos orientamos con estos pensamientos y emitimos estas ondas de pensamientos positivos a la familia, entonces pueden cambiar muchas cosas, por supuesto de acuerdo con el nivel de consciencia de cada uno, según lo cerca que esté de Dios o lo lejos que se encuentre del Eterno.

¡Los pensamientos son fuerzas, tanto los positivos como también los negativos!

¡Seamos pacientes y compresivos y confiemos en que también en la familia se producirá un cambio! ¡Veamos al prójimo como una parte nuestra! Así también nos será posible dispensarle comprensión y tolerancia y el amor que cura más de una herida espiritual.

Tenemos que cambiar de forma de pensar.
La afirmación de nuestro verdadero SER
contribuye al restablecimiento.
La sanación espiritual es un proceso
de liberación de los males que nosotros
mismos hemos causado

Deberíamos hacernos conscientes y orientarnos de la manera siguiente: Dios, nuestro Señor, no creó la enfermedad. Por lo tanto en Su realidad la enfermedad tampoco existe. O sea que nunca deberíamos pensar que estamos enfermos. Abandonemos la sensación de enfermedad y determinemos que estamos sanos. Entonces despierta nuestra consciencia celular y nos regala fuerza y también paz en abundancia. Aquel que pide las corrientes curativas tiene que orientar sus pensamientos hacia la fuerza curativa, hacia la verdad, y hacerse consciente de que él es un hijo de Dios y por eso una realidad espiritual.

Cuando traspasemos las densas nubes del mundo de apariencias externas y captemos de nuevo nuestra naturaleza espiritual, entonces podremos decir convencidos: «Yo soy un hijo de Dios».

Para llegar a ser capaces de pensar de manera positiva y desarrollar pensamientos de salud, no deberíamos vernos como seres físicos. Ser un ser humano implica en sí inestabilidad, propensión a enfermar y destrucción. Deberíamos hacer lo contrario y reconocernos como un ser eterno indestructible, que puede florecer en Dios, su Señor y Padre.

Por muy crítico que sea nuestro estado actual, por muy debilitada que esté la persona, todo eso no es lo esencial. Es solo una apariencia externa. La apariencia externa es una imagen sombría, y las imágenes sombrías no son idénticas a la realidad.

Pero lo que no es realidad es error. El error nos hace aceptar como realidad cosas que no tienen ninguna existencia real. O sea que lo que no existe realmente, no es existente.

Tenemos que cambiar totalmente nuestra forma de pensar y orientar nuestras sensaciones y nuestros pensamientos hacia las leyes de la vida. Entonces encontramos la verdad, a Dios en Cristo, el que nos hace libres. Tenemos que apartar nuestros pensamientos del mal que nos tortura mental o físicamente, y tratar de tener pensamientos afirmativos y constructivos, que contribuyen a la salud. ¡Pensemos pensamientos de la salud!

Si reconocemos y aceptamos que Dios es nuestra vida, no puede existir otra cosa que Dios. ¡Permitamos entonces que Dios llegue a ser manifiesto en nosotros a través de la afirmación de lo divino! Los complejos de pensamientos negativos desaparecerán, y en nosotros se hará todo más claro, armonioso y agradable.

La enfermedad es un mal. Dios no creó males. Por eso tampoco existen. Aunque existan en lo externo, en lo material, no tienen ninguna existencia real en Dios, en nuestro verdadero SER.

Por tanto, deberíamos afirmar nuestro verdadero SER: Dios creó al ser espiritual absoluto y puro, al cuerpo espiritual que está en nosotros, con toda su luz y fuerza. O sea que no debemos afirmar la existencia de la enfermedad, pues le damos una fuerza y una capacidad de persistencia que ella no posee de por sí.

Lo que no existe en lo espiritual, en la verdadera realidad, el ser humano no debería aceptarlo. En la verdad, en la realidad espiritual, está toda la fuerza. Esta fuerza es la que debemos afirmar.

Tenemos que cambiar entonces de forma de pensar.

Solo cuando la humanidad, es decir, cada uno aprenda a cambiar de forma de pensar, florecerá la humanidad por la fuerza de Dios. Ella sanará, sera feliz, alegre, apacible y armoniosa.

La sanación espiritual, es decir, la sanación a través del Espíritu de Dios en nosotros, es un proceso de liberación de los males que nosotros mismos hemos causado.

Pero el Espíritu, Dios, solo puede actuar más intensamente y hacernos libres cuando la persona misma ha preparado las condiciones necesarias.

La condición esencial es que la persona se dirija a Aquel que es la vida. El ser humano tiene que cambiar de modo de pensar y poner ahora pensamientos positivos, decididos, constructivos y estimulantes en lugar de pensamientos negativos, que van sin rumbo fijo y son cavilosos.

La verdadera oración alberga en sí la realización

La oración representa la expresión directa de la unión con Dios. Nuestros pensamientos de oración tienen una fuerza especial solo cuando realizamos también en la vida diaria aquello por lo que pedimos en la oración.

Si pido salud, después también tengo que tratar en mi vida diaria de pensar hacia mi interior pensamientos de salud y no de enfermedad y prepararme así para las ondas curativas.

Si en la oración pido paz y armonía, entonces yo mismo tengo que tratar de ver lo bueno en mi prójimo, y afirmar sus cualidades positivas. No debo hablar negativamente de él.

¡Lo que emito, eso vuelve a mí mismo! Si deseo paz y armonía a mi prójimo y lo veo en la luz de la divinidad, o sea positivamente, lo que he enviado vuelve a recaer sobre mí mismo, paz y armonía. Así me convierto en aquello por lo que pedí.

Si deseo ser amado, primero debo esforzarme en amar a mi prójimo. Tal como soy, así irradio. Tal como irradio, así vuelve el eco hacia mí.

Por eso debemos cambiar de forma de pensar.

La oración correcta es también al mismo tiempo una vida correcta. Ella guarda en sí la realización de nuestra vida y tiene un gran significado para nosotros seres humanos.

Rezar de manera correcta significa vivir de manera correcta.

Rezar de manera correcta significa cumplir las leyes de Dios, perdonar a nuestro prójimo, amarle y enviar incluso a nuestros enemigos implacables pensamientos buenos, positivos y de amor.

Esta es la oración vivida. Ella es capaz de penetrar en nuestro interior y abre nuestra consciencia para las ondas curativas de Cristo. Quien de esta manera sabe rezar de corazón y pide fuerza y ayuda a Dios, también recibirá.

Pero cuando la oración no es efectiva en seguida, la mayoría de las personas pierden la fe en Dios y se quejan de que la oración no es eficaz.

De esta manera vuelven a quitar otra vez la semilla que antes pusieron con confianza en el campo fértil y productivo.

Tenemos que ser conscientes de que una oración sincera y verdadera, una oración vivida, ya está cumplida en el mundo de la realidad.

El orar sincera y verdaderamente conduce inevitablemente al cumplimiento, porque lo que es afirmado y vivido ya existe en el mundo interno.

Dios, nuestro Padre, es la plenitud. Él puso en nosotros toda la Creación. Por eso todo está contenido en nosotros.

Deberíamos reconocer que la cosecha existe ya en la semilla, aunque esta no sea aún visible a los ojos físicos. Si regamos la semilla correspondiente con pensamientos de oración justos y fuerzas afirmativas de la vida, entonces recibimos.

Una oración vivida de esta manera surge de la fe profunda y de la confianza en Dios, nuestro Señor, y en nuestro Redentor, Cristo.

¡Si sabemos que todo lo que deseamos ya existe en nuestro interior, después de eso depende únicamente de nosotros si desarrollamos estas fuerzas a través de pensar vivir de forma positiva!

Dios también posee la cualidad de la paciencia. Creemos que si hoy rezamos, entonces al día siguiente o después de una semana la semilla debe germinar en nuestro interior y la cosecha hacerse visible. No debemos esperar que aquello por lo cual pedimos se realice en seguida ante nuestros ojos.

Solo Dios sabe lo que es bueno
para el bien de nuestra alma. Solo una
buena siembra trae una buena cosecha.
El amor es el poder más elevado
y nuestro verdadero ser

Cada expectativa en Dios, es duda.

¡No deberíamos esperar, sino estar seguros de que en el interior ya hemos recibido! Para que esto se manifieste externamente, deberíamos desarrollar una confianza firme: El amor de Dios está cerca de nosotros, Dios está presente. Él nos conoce. Nosotros mismos apenas nos conocemos. Él sabe lo que es bueno para nosotros. Nosotros no lo sabemos, pues no conocemos las cargas de nuestra alma.

Todo sirve al crecimiento de nuestra alma. Por eso nunca deberíamos exigir algo a Dios, sino pedirle. Solo Él sabe lo que es bueno para el bienestar de nuestra alma.

Seamos entonces pacientes y preparemos a nuestro cuerpo para las ondas curativas. Solo podremos recibir las bendiciones más elevadas cuando hayamos llegado a ser maduros para ellas, a través de una vida correspondiente en la voluntad de Dios. O sea que debemos reconocer que también el sufrimiento es necesario para el progreso del alma, hasta que esta haya alcanzado un determinado peldaño superior.

El sufrimiento puede ser también una culpa del alma todavía existente, que se está vertiendo. Entonces no puede ser absorbido del todo por el Espíritu de Cristo, el Médico y Sanador Interno, a lo sumo puede ser aliviado. Solo para aquel que haya alcanzado una determinada altura de evolución no existe ya la necesidad de sufrir.

Para salir de la vida llena de sufrimiento deberíamos observarnos diariamente:

¿Qué hablamos? ¿Hablamos mal de nuestros semejantes? ¿Hablamos bien de otros? ¿Somos pesimistas u optimistas? ¿Hablamos de banalidades que son innecesarias? ¿Hablamos de ganancia, riqueza, o de progreso espiritual?

Tenemos que reconocer que las respuestas que nosotros mismos nos damos a estas preguntas, son decisivas para el curso de nuestra vida y de nuestro destino.

Si tenemos claro que cosechamos los frutos de cada palabra que decimos, en el futuro pondremos más cuidado en lo que sentimos, pensamos y decimos. Los pensamientos y las palabras positivas y amorosas son verdaderas oraciones. Palabras duras, maliciosas, no solo dañan a los demás; ellas vuelven a recaer sobre la vida y la salud de nosotros mismos. Por el contrario, palabras amorosas que suavizan los ánimos alterados de los demás y los hacen felices, también contribuyen a la salud propia y a nuestra propia felicidad.

Ya en la Biblia se puede leer que: Lo que siembras, cosecharás. Por eso deberíamos llevar una buena siembra al campo de nuestra vida. Entonces también cosecharemos frutos buenos, por ejemplo salud y felicidad en la vida.

Cuán a menudo decimos: Nuestras oraciones no fueron cumplidas. Pero ¿cuál es el motivo? Debemos ser conscientes de que la ley de Causa y efecto tiene validez en todas partes. Algunos creen que rezar exige menos trabajo y esfuerzo que sacrificarme a mí mismo o esforzarme por los demás. Evidentemente una oración dicha sin sensaciones es más cómoda. Pero tiene poco efecto en nuestro interior. Ella no contribuye a la armonía, a la felicidad y a la alegría. No es una oración vivida.

Quien no despierta su oración a la vida, activándola a través de su acción viva, jamás podrá recibir. Tarde o temprano todos tenemos que reconocer que solo aquel que puso una buena semilla en el campo de la vida, tendrá una buena cosecha.

Todo esto es necesario para conseguir la sanación espiritual:

Poco a poco debemos llegar a ser libres de nuestras sensaciones y nuestros pensamientos inferiores.

Tenemos que ser cada día más conscientes de que somos seres cósmicos, hijos de Dios.

Debemos aprender a pedir perdón y a perdonar a nuestro prójimo.

Si lo aprendemos paso a paso, sentiremos la libertad interna, el desprendimiento de lo que esta contra las leyes divinas. Lo que está contra Dios desea arrastrarnos y atarnos a conceptos humanos como odio, envidia, enemistad y cosas parecidas. La intención sincera de pedir perdón a nuestro prójimo o de perdonarle, es ya el primer paso. Es la buena voluntad, la decisión de llevarlo a cabo del todo.

Para liberarnos de pensamientos de odio o de enemistad y llenarnos de amor, deberíamos retirarnos cada mañana y cada tarde, durante cinco minutos, en una habitación silenciosa, en un rincón tranquilo de un cuarto. Al mismo tiempo deberíamos sentir, pensar o decir las frases siguientes hacia nuestro interior: «Yo soy un hijo de Dios. ¡Que el amor llene mi corazón! No quiero odiar ni tampoco llevar enemistad en mí. Amo al que no tiene buenos sentimientos conmigo».

Si nos es posible dar cada vez más amor altruista, entonces con el tiempo también vendrá amor a nosotros.

El que siembra amor, cosechará amor. Esto es una legitimidad del Espíritu: Lo que irradiamos, también lo recibimos.

Pero el amor no debería ser solo como una tibia brisa susurrante. Puede ser también la seriedad, en la que la persona dice lo que es necesario según la ley. Amor es aclaración. Amor es cuando mis sensaciones, pensamientos y palabras son altruistas. Eso es amor.

O sea que lo que emitimos, eso vuelve a recaer sobre nosotros. Llegará a arraigarse en nosotros y nos afectará correspondientemente. Por eso es necesaria una vida noble, altruista, para poder recibir las fuerzas curativas.

Amor es el poder más grande en el cosmos.
Amor es nuestro verdadero ser.

Que cada uno de nosotros vuelva a alcanzar esta fuerza suprema cósmica, el amor, para que pueda contribuir al crecimiento y progreso de la humanidad y del alma de cada ser humano.

Esto lo deseo de todo corazón a cada uno de mis semejantes.

Un saludo en Dios.

Gabriele

Otros libros

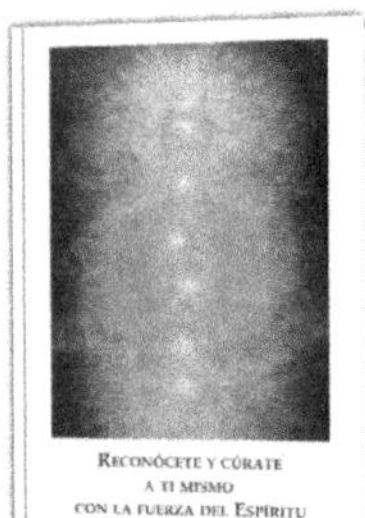

Reconócete y cúrate a ti mismo con la fuerza del Espíritu

Esta manifestación del Reino eterno, dada a través de Gabriele, la profeta y enviada de Dios, es un verdadero tesoro de indicaciones concretas y recomendaciones para determinadas enfermedades, y también muestra la forma correcta de vivir para permanecer sano y activo espiritualmente.

Del contenido: Las fuerzas espirituales son también fuezas sanadoras, que toda persona puede invocar * Muchas irradiaciones influyen sobre los campos de energía de la persona * Matar y comer animales es una carga para el alma * Al amanecer actúan especialmente muchas fuerzas etéreas * Los siete centros de consciencia y sus órganos correspondientes * y otros temas más.

280 págs., n° de pedido: S102es. ISBN 978-84-8010-038-0. **12,90 euros**

Con DIOS es más fácil vivir

La vida podría ser más fácil si se vive con Dios. Gabriele nos explica cómo podemos tener en cuenta a Dios en nuestra vida, también lo que es una forma correcta de pensar, cómo se puede aprender a rezar correctamente y cómo superar los miedos y las enfermedades, para llegar a sentirnos seguros en Dios.

Del contenido: ¿Cuál es el sentido y la finalidad de nuestra vida? * La relajación conduce a la concentración y al silencio * Concentrarse en el trabajo ahorra tiempo y fuerza, aporta seguridad interna y éxito * La sanación verdadera es una sanación interna * La verdadera tolerancia * y otros temas más.

208 págs., n° de pedido: S308es, ISBN 978-84-8251-071-2. **13,00 euros**
También como E-Book por **4,99 euros**

El alma en su camino hacia la perfección

El Cristo de Dios manifiesta a través de Gabriele, la profeta y enviada de Dios, numerosos detalles e informaciones hasta ahora desconocidas sobre la Creación divina y el alma. En este libro se nos explica detalladamente el camino del alma en su paso por la Tierra como ser humano hasta que regresa al hogar del Padre celestial. El camino del alma al Reino de Dios, al hogar eterno, va por siete niveles de consciencia También se da respuesta a preguntas como: ¿Qué tiene que reconocer y aprender el alma en los diferentes peldaños de desarrollo? ¿Qué sucede con un alma que ha abandonado su cuerpo físico siendo aún un niño? ¿De qué se componen los planetas y las residencias espirituales en los reinos de las almas?, y mucho más.

116 págs., n° de pedido: S308es. ISBN 978-3-89201-953-4. **12,90 euros**

Los Diez Mandamientos de DIOS y El Sermón de la Montaña de Jesús de Nazaret

Los Diez Mandamientos de Dios y el Sermón de la Montaña de Jesús de Nazaret en realidad no tienen nada que ver con lo que se denomina religión. Son extractos de las leyes eternas de Dios, del amor a Dios y al prójimo, y han sido dados para todas las personas, de forma independiente a su cultura o nacionalidad. Descubra también usted el ofrecimiento que Dios, el Espíritu Libre nos hace a todos: Los Diez Mandamientos y las enseñanzas del Sermón de la Montaña, y descubra cómo estas sencillas indicaciones pueden cambiar nuestra vida de forma positiva. Son el camino hacia la libertad y hacia la paz entre todas las personas y con toda la Creación.

116 págs., n° de pedido: S182es. ISBN 978-3-96446-022-6 12,90 euros

Esta es Mi Palabra
A y Ω

El Evangelio de Jesús

**La manifestación de Cristo
que los verdaderos cristianos
han llegado a conocer
en todo el mundo**

Jesús de Nazaret no fundó ninguna religión. No instauró sacerdotes ni enseñó dogmas, ritos o cultos. Hace 2000 años trajo la verdad desde el Reino de Dios: la enseñanza del amor a Dios y al prójimo, a los seres humanos, la naturaleza y los animales, la enseñanza de la libertad, de la paz y de la unidad. Él habló del Dios del amor, del Espíritu Libre – Dios en nosotros.

En la gran obra manifestada «Esta es Mi Palabra. Alfa y Omega» Cristo habla a través de Gabriele, la profeta y enviada de Dios, desde el Reino de Dios, sobre el pasado, el presente y el futuro.

En Su obra, que es una obra histórica, se dirige a toda la humanidad para explicar lo que Él enseñó siendo Jesús de Nazaret, cómo transcurrió Su vida en la Tierra y muestra todo lo referente a la gran obra de Redención, que tiene su origen en el Reino de Dios.

1059 págs., n° de pedido: S007es
El libro incluye un audio-CD con la Palabra Eterna del Reino de Dios:
«La llamada del Cristo de Dios» y *«La aparición»*,
dada por Gabriele, la profeta de Dios en nuestro tiempo.
ISBN 978-3-89446-011-0. **29,90 euros**

Solicite información gratis
sobre las publicaciones
de la Editorial Gabriele-La Palabra.
Max-Braun-Str. 2, 97828 Marktheidenfeld
Alemania

www.editorialgabriele.com

www.ingramcontent.com/pod-product-compliance
Lightning Source LLC
LaVergne TN
LVHW051103180726
843512LV00020B/1580